AF233441

LE

Chansonnier Historique

CHOIX DE

Romances, Chansonnettes, Mélodies, Barcarolles
Chants Maritimes, Ouvriers & Villageois, plus
deux Morceaux de Musique,

SUITE

des Soirées Ouvrières, du Réveil des Muses, de
l'Écho Français, du Passe-partout lyrique, des Amours
au Village et des Échos du Village

ALBUM DES VILLES ET DES CAMPAGNES

CHANTÉ PAR

J. A. SÉNÉCHAL et Compagnie.

TABLE DES MORCEAUX QUE CONTIENT CE RECUEIL :

1. La gaîté règne au fond du verre. — 2 Souvenirs d'un vieux de la vieille. — 3. Musique des Mignonnes de Paris. — 4. Les Mignonnes de Paris. — 5 Le Chant de la Famille. — 6. Les Buttes Chaumont. — 7. La Fête au village. 8. Le dieu d'Amour fait bien souffrir. — 9. Musique des Larmes du Cœur. — 10. Les Larmes du Cœur — 11. Le Fils du Matelot. — 12. Que les beaux jours sont courts! — 13. Les deux Zouaves — 14. Le Chant des Inventeurs. — 15. Pauvre petit, on ne dort pas toujours.

PARIS

Chez Mme Ve ROGER, Éditeur, 22, rue des Écouffes

La Gaîté règne au fond du Verre

Paroles de J. A. SÉNÉCHAL.

Air : *Depuis il règne Napoléon le Grand, ou Dans mon verre.*

Lorsque je tiens mon verre en main,
Je chante Bacchus et sa gloire,
Sans mépriser le genre humain
Qui fait fi de sa noble histoire;
Brennus a planté le raisin
Pour faire oublier la misère,
Voilà le meilleur médecin :
La gaîté règne au fond du verre. } *Bis.*

Bacchus est le dieu des buveurs,
Sachons donc nous en montrer dignes;
Pour moi c'est le roi des viveurs
Couronné de feuilles des vignes.
Les grappes sont ses belles fleurs,
Que le bon vivant seul révère,
Ce jus divin sèche les pleurs,
La gaîté règne au fond de verre.

Je me rappelle mon printemps,
La taille fine et rondelette,
De nos jolis cœurs de vingt ans,
Ah! combien j'ai fait de conquêtes!..
Oui, l'inconstance était ma loi;
Au sexe aimable on savait plaire,
A tous, oui, j'ai promis ma foi,
La gaîté règne au fond du verre.

Le malheur oublie bien souvent
Chagrins, soucis, peine cruelle,
Le dieu d'amour toujours vivant,
A la beauté reste fidèle;
Ce divin jus que Dieu créa,
Nous rend parfois l'âme guerrière;
L'amour, la gloire, et cætera,
Tout cela règne au fond du verre.

NE VOUS FIEZ PAS A L'APPARENCE

PROVERBE.

Paroles d'Alfred BOURRELIER.

Air: *C'est ce que je vois dans mon verre; l'amitié d'une hirondelle, etc.*

Je déteste le cabaret,
Vaillants buveurs, ne vous déplaise ;
J'aime mieux tourner un couplet
Et rimailler tout à mon aise.
On dit : rimer, métier de sot !
Pour repousser cette insolence,
Amis, rappelez-vous ce mot :
Ne vous fiez pas à l'apparence.

On célébrait dans mon quartier,
L'autre jour, le beau mariage
De la fille d'un gros banquier,
Charmante enfant, riche, mais ... sage.
Sur son front pur et virginal
Brillait la fleur de l'innocence ;
L'époux, dit-on, est sans rival.....
Ne vous fiez pas à l'apparence.

Que de Crésus pour leur trésor
Ont le cœur rempli de tendresse !
Mais que d'avares cousus d'or,
Meurent sans jouir de leur richesse,
Ils pourraient avec leurs millions,
Vivre joyeux dans l'opulence ;
On les voit couverts de haillons.....
Ne vous fiez pas à l'apparence.

Riche en gloire, pauvre d'argent
Fut Béranger ; qui le conteste ?
Admirateur de son talent,
Moi, pauvre parolier, je reste.
Par plaisir, je fais un quatrain,
Même, au besoin, une romance,
Mais si mon vers manque d'entrain,
Ne vous fiez pas à l'apparence.

Léger.
— La fille é-tourdie et ri - eu - se Que
nous vo-yons an pen par-tout Pro-me-ner son humeur joy-
- eu - se, Qui n'ai-me rien et rit de tout; Char-
- mante et trompeuse Si - rè-ne, Aux yeux doux, à l'air ta-pa -
- geur, Qui commran-de comme u-ne rei - ne Et
qui feint par-fois la can - deur. C'est la mi mi mi
mi mi mi mi gnon-not-te fripon-ne Mes a-mis c'est
la mi] mi mi mi mi mi La gen-
- til - le mi - gnon - ne de Pa - ris.

LES MIGNONNES DE PARIS

CHANSONNETTE.

Paroles de Henry MIN. — Musique de Ecolse MABBOUI

La fille étourdie et rieuse
Que nous voyons un peu partout
Promener son humeur joyeuse,
Qui n'aime rien et rit de tout,
Charmante et trompeuse sirène,
Aux yeux doux, à l'air tapageur,
Qui commande comme une reine,
Et qui feint parfois la candeur,
C'est la mi mi mi mi mi mi mignonnette friponne,
Mes amis c'est la mi mi mi mi mi mi,
Sa gentille mignonne de Paris.

Lui sait arranger à l'amiable,
Qans mécontenter ses amis,
De son cœur, qu'elle envoie au diable,
Et les pertes et les profits?
Qui sait, sans le moindre scrupule,
Aux dépens d'un amant quinteux,
En le tournant en ridicule,
Se donner un jeune amoureux!
C'est la mi mi, etc.

Quel est, au milieu de nos fêtes,
De nos soupers, le boute-en-train?
C'est la mignonne aux cent conquêtes
Qui chante son leste refrain;
C'est elle, au son de la musique,
Qui, découvrant ses pieds mignons,
Exécute un pas drolatique,
Qui fait braquer tous les lorgnons,
C'est la mi mi, etc.

Elle est frivole et philosophe
Autant qu'on peut le désirer,
Elle rit quand on l'apostrophe,
Et raille qui veut la railler.
C'est elle, qui se trouvant belle,
Donne pour argument puissant,
Que l'avenir est trop loin d'elle
Pour ne pas jouir du présent.
C'est la mi mi, etc.

LE CHANT DE LA FAMILLE

Paroles de J. A. SÉNÉCHAL.
Musique de GODEN.

Air : *les Cosaques, les Uhlans et l'Anglais.*

Dieu veut que l'humble créature
Grandisse à l'aise sous son ciel,
Il lui donne, sur la nature,
Des droits l'empire universel.
Et puisque la nature donne,
Aux riches comme à l'indigent,
Semons et que chacun moissonne :
Gloire au travail intelligent !

REFRAIN.

Dieu commença par le travail,
Enrichissons notre bercail ;
Le travail donne des jours meilleurs,
La gloire n'appartient qu'à tous nos travailleurs.

Gais ouvriers de toute classe,
Suivons le chemin de l'honneur,
Et qu'ici bas nul ne se lasse,
Dans le travail et le bonheur.
C'est lui qui nourrit la famille,
Et sait féconder les sillons.
Il peut ennoblir la guenille,
Peuple, avec lui... plus de haillons ;
      Dieu commença, etc.

Rien n'est plus doux pour la famille
Que les bienfaits dans les travaux ;
Quand le fils, la mère et la fille,
Du père allége les fardeaux.
Jésus disait à ses apôtres :
« Travaillez pour l'humanité.
» Aidez-vous donc les uns, les autres,
» Vivons par la fraternité. »
      Dieu commença, etc.

Les Buttes Saint-Chaumont

SUJET HISTORIQUE.

Paroles de J. A. SÉNÉCHAL.

RONDEAU.

Air du Sou ou de la Petite Margot.

REFRAIN. Jeunesse aimable, sexe adorable,
Accourez tous, contentez nos regards;
L'agriculture, l'horticulture,
De l'homme et Dieu, voilà les plus beaux arts.
Que ce jardin nous rappelle de scènes;
Au temps jadis, du haut de Saint-Chaumont,
Seize piliers ornés d'énormes chaînes,
Lieu de supplice... enfants, c'est Montfaucon.

Que de victimes, souvent sans crimes,
Ont succombé là-haut sur ce plateau!
Que de batailles, de représailles,
Ont fatigué ce malheureux coteau!
Plus bas que lui, là, d'ignobles tavernes,
Où s'assemblaient truand, filou, banni;
A la lueur de fumeuses lanternes,
Buvaient, dansaient, chantaient à l'infini.

Aussi la gueuse, la raccoleuse,
Quittait Paris pour cet endroit maudit;
Ah! que de filles, à la Courtille,
Comme en Espagne adoraient le bandit.
Sous le grand homme les enfants de l'école
Ont su braver la grande trahison,
Se rappelant Lodi, Himault, Arcole,
Vengeaient Paris, défendant son blason.

Et mis en pièces, là, sur leurs pièces,
Ces cœurs français, pour l'honneur du drapeau,
Pleins d'espérance, pour notre France,
Ont trouvé là la gloire et le tombeau.
Au souvenir de la grande bataille,
Venez, amis, visiter ce jardin :
Plus de repaires, de canons, de mitraille,
Rien qu'un éden replanté de sapin.

Fleur printanière, et roche altière,
Naissent en tous lieux sur le haut de ce mont;
La grotte antique, chalet rustique,
Amis, voilà les buttes Saint-Chaumont.

LA FÊTE AU VILLAGE

RONDE VILLAGEOISE,

Paroles de J. A. SÉNÉCHAL.

Air *du Chapeau de Marguerite.*

Demain les cloches de l'église
A coup sûr feront branle-bas,
Et chaque fillette bien mise,
Au sermon ne manquera pas.
Ça me rappelle mon jeune âge :
Sur la pelouse au tapis vert,
L'on dansait à tort, à travers,
Et l'on aimait le badinage,
C'était le joyeux rendez-vous ;
Le plaisir régnait parmi nous,
Ah! c'était la fête au village. } Bis.

C'était le bon temps, je le jure,
On aimait à faire le bien,
On méconnaissait le parjure,
L'homme avare, aussi le vaurien;
Et le pauvre avait l'avantage
D'avoir de quoi dans son logis;
Ce jour là jamais de pain bis.
C'est à qui saurait rendre hommage;
Au malheureux, car voyez-vous,
Le bonheur régnait parmi nous.
Ah! c'était la fête au village.

Oh ! ce jour-là la gaîté brille,
Et l'archet résonne en tous lieux,
Au bal maman conduit sa fille,
Et chacun danse à qui mieux mieux;
La belle brune au fin corsage,
Valse avec grâce avec Lucas;
La blonde Lise, pas à pas,
Fait des tours de passe en usage.
Doux souvenir, moment si doux!
Le dieu d'amour fut parmi nous.
Car c'était la fête au village.

Après le bal, à la guinguette,
Filles, garçons, vint en chantant,
Si l'une y perd sa collerette,
L'on rit, l'on boit, l'on est content.
Bacchus, va, sous le vert bocage,
A Vénus fait un pied de cour :
Et, s'il est payé de retour,
Après cet entretien fort sage,
On voit la belle et son amant
Tous deux venir prêter serment
Au maire, au curé du village.

Le dieu d'Amour fait bien souffrir

Paroles de J. A. SÉNÉCHAL.

Air du *Vin de France.*

L'amour, enfants, a pour vous mille charmes;
De chaque tête agite le cerveau,
Succombez-vous, il se rit de vos larmes,
Car sur nos yeux s'est jeté son bandeau;
Toujours flatteur, et son brillant laugage
Vous fait céder à ses vœux, son désir;
La liberté pour vous c'est l'esclavage.
Va, pauvre enfant, l'amour fait bien souffrir:

L'illusion, ah! trop tôt vous entraîne,
Rêve charmant qui promet le bonheur.
Et vous quittez le modeste domaine
Sans respecter votre mère et l'honneur.
L'ambition fait croire à l'avantage,
Libre dit-on, je vais m'appartenir.
La liberté, pour vous, etc.

Vous reviendrez pleurer près d'une mère;
Elle est si bonne elle pardonnera.
Lui racontant chaque douleur amère,
Sur votre sort, ah! son cœur saignera.
En vous disant: Pauvre fille, à ton âge,
Doit-on jamais, jamais désobéir ?
Vois donc le fruit... le fruit de ton ouvrage.
Ah! pauvre enfant, l'amour fait bien souffrir.

Dolce.
— Pour vous lors - que l'a - mour m'ins -
- pi - re Des vers que je chan - te à ge - noux,
Portez la voix,
Loin de par - ta - ger mon dé - li - re,
Dolce. Rall.
Mé - chan - te pour - quoi gion - dez - vous?
Tempo.
Comme l'on voit, bel - le Syl - vi - e,
Vos doigts ef - feuil - ler u - ne fleur,
Andante. Con espress.
Vos dé - daips ef - feuill - lent ma vi - -
- e, J'al tant de lar - mes dans le cœur!
— Vos dé - dains ef - feuil - lent ma vi -
P. Ten. Dim. Rall. PP
- e, J'al tant de lar - mes dans le cœur!

LES LARMES DU CŒUR

ROMANCE.

Paroles d'Eugène PETIT, Musique de Ch. DOMERGUE

Pour vous lorsque l'amour m'inspire
Des vers que je chante à genoux,
Loin de partager mon délire,
Méchante, pourquoi grondez-vous ?
Comme l'on voit, belle Sylvie,
Vos doigts effeuiller une fleur,
Vos dédains effeuillent ma vie,
J'ai tant de larmes dans le cœur !
Vos dédains effeuillent ma vie,
J'ai tant de larmes dans le cœur !   (Bis.)

La nuit, sur vos lèvres de rose,
Je goûte un bonheur sans pareil,
Mais ce n'est qu'une apothéose
Qui s'éclipse avec le réveil.
L'espérance, dans mon asile,
Où s'éternise ma douleur,
Est comme une étoile qui file ;
J'ai tant de larmes dans le cœur !

Puis-je rendre à mon existence
Mon calme heureux de chaque jour !
La raison n'a plus de puissance
Sur un cœur conduit par l'amour.
De la terre au ciel où l'on passe,
Espérant un monde meilleur,
J'ai souvent mesuré l'espace ;
J'ai tant de larmes dans le cœur !

Pauvre pilote sans défense,
Je vogue sur des flots amers,
Mon esprit léger se balance
Prêt à s'engloutir dans les mers,
Las d'être battu par l'orage,
Verrai-je un jour, pour mon bonheur,
L'arc-en-ciel percer le nuage ?
J'ai tant de larmes dans le cœur !

2.

LE FILS DU MATELOT

RÊVERIE MARITIME,
Paroles de J. A. SÉNÉCHAL,
Air : *Je t'aime encore, ou des Baisers de ma mère.*

Mère, en m'éloignant du rivage,
Vos larmes augmentaient ma douleur;
Je pensais à votre grand âge,
A Marie, à ma bonne sœur.
Je me disais : Va, pauvre mousse,
Ton père a su braver les flots;
La vague te pousse et repousse,
Sois au rang des bons matelots.

Mon sang bouillait dans chaque veine,
A vous, ma mère, je songeais;
Quoique comptant treize ans à peine,
Oui, vaillamment je m'engageais.
Et grimpant sur ce beau navire,
Le second me dit bas ces mots :
Veux-tu voir le Céleste-Empire,
Sois au rang des bons matelots.

Matelot, pour gagner la manne
Aux parents chéris à mon cœur,
A Marie, à ma mère Jeanne,
A qui je dois tout mon bonheur.
Je serais heureux, ô ma mère,
Ah ! que ce jour vienne bientôt !
En moi quelqu'un me dit : espère !
Plus tard, je serais matelot.

SEPT ANS PLUS TARD;

Après avoir bravé l'orage,
Les coups de mers et les autans;
Les lointains climats, le naufrage,
Je reviens joyeux, j'ai vingt ans !
Je ne suis plus le pauvre mousse,
J'ai gagné de l'or sur les flots;
Marie, la vague me repousse,
Je suis au rang des matelots.

Que les Beaux jours sont courts!

MORALITÉ.

Paroles de Jules A. S...
Air de *Madeline* (de M. Renard).

Quoi! tu songes Marie,
Aux grandeurs d'ici-bas,
Ta douce rêverie,
Peut te tromper, hélas!
Tout rêve a sa chimère,
Crois-moi, loin de sa mère,
La douleur est amère ;
Que les beaux jours sont courts!

Toi, si fraîche et jolie,
Tu fais plaisir à voir,
Aurais-tu la folie
De croire à ton miroir.
Non, crois-moi, mon bel ange,
Un revers, et tout change,
On tombe dans la fange,
Que les beaux jours sont courts

Écoute cette histoire :
Un bel ange au cœur d'or,
Quitta le territoire
Pour suivre un gros milord.
Croyant à son langage,
La perle du village,
Tarit son sein pour gage,
Que les beaux jours sont courts

Depuis, la pauvre mère,
Flétrie comme une fleur,
Pleure et se désespère,
En proie à la douleur.
Enfant, ne te hasarde,
Aux faux discours prends garde;
Voilà ta sauvegarde !!!
Car les beaux jours sont courts.

LES DEUX ZOUAVES

SOUVENIRS DES CAMPAGNES DE CRIMÉE, D'ITALIE ET DU
MEXIQUE

Paroles de J. A. SÉNÉCHAL.

Air : *Comme à vingt ans.*

Mon frère, j'ai quinze ans, la carrière des armes
M'a choisi pour sept ans, allons, sèche tes larmes,
La France est en danger, il faut braver l'orage,
Défier l'étranger et braver le carnage.

REFRAIN.

Comme toi moi je pars,
Nous n'avons pas deux cœurs,
Je te suis sans retard,
Nous reviendrons vainqueurs!

La France à ses enfants aujourd'hui se réclame,
Nous serons triomphants, frère, je le proclame;
Gardons sur notre cœur ce divin scapulaire,
Brodé par notre sœur, doux souvenir, mon frère.
Comme toi, oui, je pars, etc.

Les deux frères laissaient trois amis au village:
Puis il leur répétait faut braver cet outrage,
Nous partons loin de vous pour venger notre France,
Adieu! priez pour nous, adieu! bonne espérance!
Comme toi, oui, je pars, etc.

Tous deux partis soldats, l'un devint capitaine,
L'autre, au sein du combat s'élança vers la plaine;
Le canon vomissait de ses chaudes entrailles,
Hélas! il succombait frappé par leur mitraille.
De retour au pays,
On ne vit qu'un soldat,
Et c'était Pierre, amis,
Le héros du combat.

LE

CHANT DES INVENTEURS

Pour l'Exposition Universelle de 1807.

Paroles d'Auguste HARDY.

Air : *Tout est soldat, ou Le peuple est roi.*

Peuple français, dans l'art et l'industrie,
Apportons tous le fruit de nos labeurs;
Nous chanterons au temple du génie :
Honneur et gloire aux inventeurs!

Au Champ-de-Mars, ce palais de la gloire,
Plein de grandeur, s'élève vers les cieux;
Nous garderons à jamais sa mémoire,
Le novateur lui sourit radieux.
Que de grands noms naîtront dans la science
Par le succès de leurs inventions;
Car le progrès, dans ce palais immense,
Réunira toutes les nations!
Peuple français, etc.

L'humble artisan, pauvre, ignoré la veille,
Vient exposer l'œuvre de ses travaux;
Toute la terre applaudit la merveille,
A l'inventeur paraît des jours plus beaux;
Il voit son nom acclamé par la France,
Ne doutant plus de sa prospérité,
De ses efforts il voit la récompense,
Car son nom passe à la postérité!
Peuple français, etc.

Tout l'univers dans ce temple se lie,
Tous les états viennent y concourir.
Du haut des cieux Dieu voit notre patrie,
Pour son progrès il semble la bénir.
Oui, le travail unit chaque puissance,
Chacun sourit à la grande union;
Et l'étranger semble dire à la France :
Ah! que d'honneur dans l'Exposition!
Peuple français, etc.

Pauvre Petit, l'on ne dort pas toujours

ROMANCE.

Paroles de JULES-ACHILLE S.

Air : *Les bois sont verts*, ou *Viens, belle nuit.*

Dors, mon enfant, puisqu'ici tout repose,
Hélas! toi seul ignores l'avenir;
Tes yeux fermés sont comme cette roses
Que le soleil fait à peine entr'ouvrir.
Oui, dors en paix, c'est moi qui te surveille,
A ce berceau, depuis tes premiers jours,
Je ne pourrais toujours dire je veille, } Bis.
Pauvre petit l'on ne dort pas toujours.

Oui, dors en paix, que Dieu veille sans cesse,
Que ton printemps soit exempt des douleurs,
Et que je voyent au moins dans ma vieillesse,
Comme aujourd'hui, sur ton chevet, des fleurs!
Car ici-bas parfois on devient traître,
On méconnaît tous nos premiers secours;
Pour être heureux et commander en maître,
Pauvre petit l'on ne dort pas toujours.

Va, pauvre enfant, que la vertu sur terre
Soit le sentier qui guidera tes pas:
Que ta fortune entr'aide chaque frère
Qui souffre, hélas! et qui ne le dit pas.
Moi, je le sais, j'ai connu l'infortune,
Sans feu, sans pain, et dans d'obscurs séjours,
L'avare ingrat meurt avec sa fortune,
Qui fait le bien... enfant, dors bien toujours.

FIN,

Prix. — Typ. Mettre et Comp., rue Amelot, 64.